Pensées en vrac

S. Witson

Pensées en vrac

Recueil

© 2022, S. Witson

Édition : BoD – Books on Demand, info@bod.fr
Impression : BoD – Books on Demand, In de Tarpen
42, Norderstedt (Allemagne)
Impression à la demande

ISBN : 978-2-3224-1940-1

Dépôt légal : mai 2022

A la personne que j'ai le plus aimée,

A la personne qui m'a le plus blessée,

A la personne que je n'oublierai jamais.

Si tu cours, tu iras plus vite
Mais si tu marches, tu iras plus loin
Si tu cries, tu seras entendu
Mais si tu parles, tu seras écouté
La sagesse te portera loin
Tandis que la précipitation ne te mènera à rien
- Alain Ayache

Le jeu du pendu est réfléchi,
Il nous prouve qu'en disant les mauvaises choses
On peut mettre fin à la vie de quelqu'un

PROLOGUE

L'amour et la haine
Ils s'entremêlent,
Avec eux
Tout prend feu,
Il leur faut du temps,
Pour s'apprivoiser
Pour apprendre à s'aimer,
Et pourtant,
La mort n'est jamais loin,
La vie est déjà loin,
Derrière chacun de leurs pas,
Derrière chacun de leurs gestes
Il y a une âme qui combat
Tandis que les vivants restent,
Ils attendent que sonnent les cloches,
Ils espèrent ne pas louper la coche...

AMOUR

Quand je t'ai vue
Ça m'a abattue,
Tu étais un zombie
A cause de ces conneries,
Tu pleurais,
Tu criais,
Tu hurlais
Que tu l'aimais,
Tu avais gardé espoir
De la revoir,
Qu'un jour elle aille mieux
Dans ce pays merveilleux,
Qu'elle se réveillerait,
Qu'elle se rappellerait
De la puissance
Même avec la distance
De votre amourette
Qui a envahi votre jeunesse.
Les médecins t'ont annoncé
Qu'elle était décédée,
Ça t'a effondrée,
Toutes tes barrières sont tombées,
A cause de cette fichue maladie,
Elle est partie,
Tu t'es battue
Pour votre amour perdu…

J'ai pensé qu'un jour j'attraperai ce « bonheur »,
Que je ne serai plus dans ces « malheurs »,
Qu'une personne me rendrait heureuse
Jusqu'à en tomber amoureuse,
Qu'on marcherait main dans la main
Tout le long du chemin,
C'était une illusion,
On n'allait pas dans la même direction,
J'étais mutilée,
Tu m'as aidée,
Mais tu es partie
Sans que je te dise merci,
Tu as pris mon cœur
Comme un voleur...

Je t'aime,
Tu es mon poème,
L'amour n'est qu'illusoire,
Tu es mon échappatoire,
Tu m'as aidée,
Tu m'as sauvée,
A moi de te le donner,
Cet amour que j'ai gardé
Profondément enfoui
Pour ne pas avoir de souci,
Oui,
Je le crie,
Tu mérites de savoir
Que dans la nuit noire,
Tu m'apportes la lumière
De tout le système solaire…

Je t'ai vu le coeur rempli d'amour et de haine,
Dans tes yeux je voyais le monde avec peine,
La peine se lisait et se sentait en toi,
Tu avais fini ton règne en tant que roi,

Je voyais la lumière briller dans tes yeux,
Ils étaient bleus comme un océan lumineux,
On se perdait en eux tels des cimetières,
Ce bleu reflétait la fin de ton univers,

Ton souhait était qu'ils se ferment à jamais,
Un soir d'hiver tu le touchas du bout des doigts,
La mort t'appelait mais je me battais pour toi,

Une fois réveillée, je te dis que je t'aimais,
Un monde sans toi ne s'imaginait pas,
Tu ensoleillais mes journées en étant là...

Ici, je rêve que tu m'enlaces
Que tu m'embrasses
Mais je me lasse,
Tu n'es pas mon diamant,
Aucun mot bienveillant,
J'ai tellement rêvé,
J'ai voulu t'oublier,
Je n'y suis jamais arrivée,
Tu étais mon ciel étoilé,
Mon miroir, mon pire ennemi,
Ma balance aussi,
Je n'ai plus d'ami,
Je suis partie,
On me dit de vivre
Mais je veux être ivre,
Je suis le radeau échoué,
Emmené par la marée,
Je me suis mentie,
Tu es ma vie,
Sans toi,
Je ne suis pas moi,
Tu me donnes confiance et assurance,
Qu'est-ce que tu en penses ?
Je me trouve grosse, moche et ne m'aime,
Mais une chose est sûre,
Tu soignes mes blessures,
Je t'aime…

Je te décernerai un oscar
Car tu es une star,
Je ne sais pas quoi,
Ni pourquoi,
C'est comme ça,
Il est pour toi ;
On m'a dit un jour,
Tu es chez toi là où ton cœur vie avec amour,
Je t'ai rencontrée,
Je suis tombée,
J'étais amoureuse,
Tu me rendais heureuse,
Tu me faisais tourner la tête
Alors que dans la tienne
Même pas naissait la tempête ;
Tu n'étais pas mienne,
Mais là-bas,
J'étais chez moi,
Car tu étais là,
Ça ne s'explique pas,
C'était comme ça...

Tu étais belle
Et sensuelle,
Tu portais un pull clair,
J'avais mon éternel robe noire,
Il y eu un éclair,
Je te vis dans le miroir,
Je ne pouvais le croire,
Je pouvais enfin te voir,
Te toucher,
Te caresser,
T'enlacer,
T'embrasser
Mais surtout t'aimer...

Tu m'as tellement brisée,
J'ai fini par être déchirée,
Une âme détruite
Et un amour inscrit,
Une rencontre écrite
Et la mort a suivi...

Tu sais
Que je t'aimais,
J'étais folle de toi
Et de ton regard de bois,
J'aurais tué pour tes yeux,
Je me perdais dans cet océan bleu,
Tu faisais partie de ma vie,
Tu en as décidé ainsi,
J'ai subi
Un amour irréciproque,
Une amitié impropre…

J'ai arrêté de l'aimer,
J'ai réussi,
Je m'en suis sortie,
J'ai arrêté de crier,
Je n'étais plus amoureuse,
Elle me rendait heureuse,
C'était une amie,
Ça m'a détruit,
La réalité m'a frappée,
J'avais flashé
Sur cette fille,
Elle était gentille,
Elle n'avait rien à voir,
Tout comme mon reflet dans le miroir,
Mais je le savais
Au fond de moi,
Mon cœur palpitait
Et ce n'était pas un choix…

Cette nuit,
J'ai rêvé que la neige brûlait
J'ai rêvé que le feux fondait,
Cette nuit,
J'ai rêvé de l'impossible
J'ai rêvé que c'était possible,
Cette nuit,
J'ai rêvé que l'amour existait
J'ai rêvé que tu m'aimais...

Dans la nuit noire
Je peux te voir,
Je ne sais pas pourquoi
Il n'y a que toi,
Ton regard de braise
Me met mal à l'aise,
Te l'ai-je déjà dit ?
Que j'avais des soucis,
Il se pourrait bien,
Que dès demain,
Je parcourrai ton corps
Comme un trésor,
Tu m'appartiendras
Et on s'aimera...

Quand je te vois,
J'ai envie de toi,
Que tes lèvres m'embrassent,
Que tu m'enlaces,
Je veux t'appartenir,
Devenir ton avenir,
Je veux que tu m'emmènes
Et que tu m'aimes,
Je serai la première
Ainsi que la dernière,
Tu prendras soin de moi,
Je veillerai sur toi...

Si tu tombes
Je te suis,
Tu lâches une bombe
Et je m'enfuis,
Je n'ai pas peur,
Tu te meurs,
Hier sera demain
Balayé comme mon chagrin,
Tu reviendras
Mon bel ange,
Tu m'aimeras,
Nous formerons un mélange,
Toi,
Moi,
Tu n'es pas fou,
Nous serions nous...

Ce jour-là je t'ai aperçue,
Toi, tu ne m'as pas vue,
Je ne sais pas comment,
Ni pourquoi,
Il n'y a pas de normalement,
Ni de loi,
Je suis libre
Comme un océan,
Tu me fais vibrer
Comme le vent,
Mon monde,
Ton monde,
Le nôtre,
On ne se touchera pas
Mais je sais que tu es là...

J'ai posé les yeux sur toi,
Je n'ai pas eu le choix,
C'était comme ça,
Sans aucune raison
Tu as été mon poison,
Je t'ai attendue,
Tu n'es jamais venue,
Je t'ai aimée
Et tu m'as délaissée...

Je t'aime du plus profond de mon âme,
Juste te voir me fait mal,
Mon cœur accélère,
J'ai peur de ne plus y voir clair,
Il n'y a que toi,
Tu te fonds en moi,
Ça me fait peur,
Ça crée mon malheur,
Mais je t'ai dans la peau,
Je n'ai pas de pot,
Tu ne m'aimes pas,
Tu n'as rien pour moi,
Tu ne peux pas m'épauler,
Je m'en vais sans me retourner...

Quand je te vois
Mon cœur bat,
Quand tu n'es pas là
Il n'y a plus de moi,
Au détour d'une rue
Je t'ai aperçue,
Mon monde s'est arrêté,
Je t'avais retrouvée...

Je marchais
Le long du quai
Et je l'ai vue,
Je l'ai reconnue,
Mon cœur s'est pincé,
Mes yeux se sont embués,
J'ai entendu son rire,
Deviné son sourire,
Je ne me suis pas approchée
Comme si elle allait me brûler,
Je l'ai regardée de loin,
Je ne me sentais pas bien,
A nouveau, son rire a transpercer l'air,
Mon cœur s'est déchiré,
Il s'est brisé,
J'ai manqué d'air
Et tout s'est arrêté,
Comme si ce moment n'avait jamais existé...

Tu as été ma dépendance,
Je pleure en ton absence,
Tu m'as fait trop de promesses,
Elles m'ont fait vivre l'ivresse,
Mais désormais il est trop tard,
Le ciel est noir,
Ma vision s'obscurcit,
Tu sais que c'est fini...

Il y a une âme dévouée
Qui ne pense qu'à aimer,
Il y a un cœur passionné
Dans un corps abandonné,
Il y a un être énamouré
Vivant une relation empoisonnée,
Tant de vies brisées
Part le seul fait d'aimer...

A travers tes yeux
Je me sens mieux,
Ce n'est peut-être qu'une impression
Sans réelle fondation,
Mais je n'ai pas besoin de me cacher,
Pas besoin de me maquiller,
Mon masque ne me sert plus,
Je ne suis plus perdue,
J'ai retrouvé mon chemin,
On se retrouve demain...

Mon souffle se coupe,
Ta silhouette se découpe,
A nouveau je respire,
Tu reconstruis mon empire...

ABANDON

Tu sais,
Non tu ne sauras jamais,
Je t'aimais,
Je déprimais,
Je savais
Que tu fuyais,
Que tu fumais,
Que tu me détestais
Mais je t'aimais
Et tu m'oubliais,
Tu me laissais,
Je t'ai aimée
A en déprimer,
J'étais mutilée,
J'ai fumé
Pour t'oublier,
Ça n'a pas fonctionné
Et c'est toi qui m'a laissée…

Tu me manques,
Tes bras autour de moi,
Tu me manques déjà,
Je ne peux vivre sans toi,
Tu n'es plus là,
Ton parfum encré en moi,
Tu n'es plus là,
Qui me relèvera après toi ?

Je suis fatiguée,
Je suis perdue,
Un raz de marée
Et tout a disparu,
Je suis lasse,
Je trépasse,
J'attends
Que passe le temps,
Je n'en peux plus,
Tu as disparu,
Sans toi
je ne suis pas moi...

Tu m'abandonnes,
Il n'y a plus rien qui sonne,
Je me sens seule,
Il n'y a plus de feuille,
L'été est parti,
Tout est fini,
Tu reviendras demain,
Tu n'es pas sain,
Tu me feras du mal,
Je t'aimerai à nouveau,
Tu me détruiras,
Je ne dirai rien
Puisque je t'appartiens...

Tu m'as regardée
Droit dans les yeux,
Tu m'as baladée,
J'ai marché pour deux,
Tu m'as quittée,
Tu m'as abandonnée,
Mais toi, tu ne sais pas
Que je ne t'aimais pas,
Tu étais ma couverture,
Tu t'es faufilé dans l'ouverture,
Être homosexuelle,
N'est pas réel,
C'est en moi,
Comme toi,
Avant ça...

Je t'ai aimée,
Tu m'as aidée,
Je t'ai adorée,
Tu m'as bousculée,
J'ai parié,
Tu t'es envolée,
Je t'ai appelée,
Tu n'as pas décroché,
Une fois encore,
J'ai touché la mort...

Je ne sais pas ce qu'il c'est passé
Mais tu m'as délaissée,
Je n'avais plus le moral,
J'étais au plus mal,
Tu ne m'as pas regardée
Alors que je t'ai aimée,
Tout est parti en fumée,
J'ai abandonné
Avant même d'avoir commencé,
Tu m'as manqué…

J'ai trouvé une voix
Mais elle ne mentait pas,
Je n'étais ni belle,
Ni naturelle,
J'étais une ombre,
Un zombie,
Tu m'as menti,
Tu es partie...

BLESSURE

Tu m'as meurtrie,
Tu m'as anéantie,
Tu as volé ce à quoi je tenais,
Tu l'as suivait,
N'importe son chemin
Tu étais son chien,
Tu m'as effacée
Tel un souffle sur le passé,
Tu m'as écartée d'elle,
Elle était ma merveille,
Mon seul radeau de sauvetage
Tu me l'as arraché,
Comme une sauvage
Tu m'as tuée,
Tu as planté une lame
Dans mon âme,
Tu m'as enlevé celle qui me tenait en vie
Alors je suis partie…

Tu ne me parles plus,
Tu as disparu,
Tu t'es enfuie
Sans avoir réfléchi
Aux conséquences
Et à l'importance
Que tu avais dans mon coeur,
Tu m'as conduite au bonheur.
Tu as emporté avec toi
Tout ce qu'il restait de moi,
Tu disais être fatiguée
Que ton chat t'avait griffé,
Mais je le voyais
Que tu déprimais...

Si tu veux être talentueuse
Soit malheureuse,
Car l'inspiration
vient de ma dépression...

Le harcèlement
Te détruit psychologiquement
Et physiquement,
Il crée l'isolement
Et engendre des maladies
Comme l'anorexie,
Puis tu regardes le vide
Pensant au suicide,
Tu commences par te mutiler,
Tu veux te déchirer,
Un cœur brisé,
Une âme transpercée
Et un corps marqué,
Il ne reste qu'à te tuer,
Tu prends cette lame de rasoir
Ton seul échappatoire,
Tu la plantes dans ton bras,
Ton sang coulera,
Mais ce sera fini,
Plus aucun souci...

Je t'ai crue,
Pourtant je l'ai vu,
Tu te servais de moi,
Tu ne m'aimais pas,
Je t'ai tout donné
Et tu m'as brisée,
Je n'étais rien d'autre qu'un pion,
Je me suis fait avoir comme un con,
J'avais rêvé,
J'avais tellement espéré
Que tu as fini par me déchirer,
On était pareille
Mais tu n'étais pas ma merveille,
Tu ne m'appartenais pas,
Pourtant j'étais à toi,
Fais de beaux vœux,
Adieu…

Un jour je t'ai vue,
Une âme perdue,
Tu étais échouée
Regardant au-delà de la marée,
Tes larmes coulaient,
Tu hurlais
Mais aucun son ne sortait,
Tes cris étaient muets,
Tu ne savais pas sourire,
Ni même rire,
Alors j'ai essayé
de te sauver...

A force de jouer
Je me suis brisée,
Je n'ai pas senti le feu me transpercer
Alors je me suis brûlée,
Je me suis coupée
Jusqu'à arrêter de crier
Et de pleurer,
Mais j'ai craqué...

Je vais bien,
Je suis quelqu'un,
Je vais bien,
Enfin,
En surface,
Je suis heureuse,
Je me voile la face,
Je suis malheureuse,
J'écris des poèmes,
J'aimerais que l'on m'aime,
On m'a brisée,
J'ai essayé
De me relever,
Mais tu m'as piétinée,
Ne t'inquiète pas,
J'ai déjà fait le premier pas...

Je ne sais pas ce qui m'a pris,
J'ai dit que c'était fini,
J'ai beaucoup subi,
Je n'ai jamais écrit,
Et pourtant
Avec le temps,
J'ai su
Que j'aurais dû
Fuir bien avant
De me perdre dedans…

Tu m'as rendue virile,
J'ai été ta victime,
Tout ce temps tu as fait mine
De ne pas voir mon désespoir,
Dans la nuit noire
Je fais des cauchemars,
Mais dans ton regard
Je le vois bien
Que tu es trop loin...

Encore ce jeudi soir,
Une nouvelle fois tout est noir,
Je me noie dans le brouillard,
De nouveau ce blizzard,
Tout me prend la tête,
Qu'est-ce que je me sens bête,
Elle s'en fout de moi
Alors qu'elle est tout pour moi...

Je t'ai vue au détour d'un couloir,
Tu étais son miroir,
Tu lui ressemblais tellement,
C'était étonnant,
Je ne pensais pas,
Je n'y croyais pas,
Tu étais si belle,
Tu étais elle,
Ça me faisait mal,
Pourquoi diable ?
J'ai voulu y croire,
En tout cas j'ai essayé,
Mais tout s'est écroulé,
Tu n'étais que son miroir…

Elle était belle
Au naturel,
Elle me faisait peur
Telle une erreur,
Elle me retournait,
Ça me dévorait,
Elle ne savait pas
Et elle me regarda,
Enfin,
C'était mon mot de fin…

Le temps maussade
Comme tes pensées,
La vague à l'âme
Comme la marée,
Tu m'as portée,
Tu m'as aimée,
Jusqu'au ciel,
Tu es ma merveille,
Je t'ai vue,
Dans cette folie
Je t'ai attendue
Mais tu es partie,
Tu m'as laissée,
J'ai échoué
Seule sur Terre
Dans ce désert,
Tu n'étais plus là,
J'avais besoin de toi,
Tu m'as oubliée
Sans te retourner,
J'ai pleuré
Recroquevillée...

La vraie douleur n'est pas forcément celle que les gens voient sur nos visages,
Ni celle que l'on s'inflige,
Mais celle qui nous perfore,
Celle qui nous dévore,
Celle qui nous bouffe de l'intérieur,
Celle qui s'infiltre dans nos veines
Jusqu'à ce que nos peines
Deviennent nos pires malheurs...

Je regarde le vide,
Je ne suis plus lucide,
Le monde s'en va,
Je suis sans toi,
Tu n'es plus là,
Tout près de moi,
Le temps passe,
Mon corps trépasse,
Mon âme se meurt
Dans ce malheur...

Mes larmes coulent,
Mon monde s'écroule,
Je ne sais plus comment faire,
J'ai lâché l'affaire,
J'en ai marre de me battre
Si c'est pour passer à la trappe,
J'ai arrêté de respirer,
Je ne veux plus me lever,
Mais je dois être forte
Pour ceux qui ne veulent pas me voir morte...

SUICIDE

Tu es arrivée telle une fleur fanée,
Je t'ai aidée pour te sauver,
Ensuite tu es partie,
Alors je t'ai suivie,
Mais pas sur le même chemin
Car tu étais déjà trop loin,
J'ai rejoint le ciel
A côté du soleil,
Pour me fondre dans les étoiles,
Tisser ma toile,
Je te regardais,
Je te veillais
Car je m'inquiétais,
Tu n'étais pas réparée,
Tu étais toujours cassée,
Tu t'es sauvée
Avec un cœur brisé,
Et tu m'as laissée
Telle une ancre échouée...

Cette nuit tu étais là
Postée devant moi,
Tu étais un ange,
Un doux mélange,
Tu étais belle
Mais remplie de séquelles,
Tu étais déjà partie
Avec tout tes soucis,
Tu avais pris ton envol vers le ciel
En laissant un trainée de miel,
Tu ne m'as pas déçue
Jusqu'au bout je t'ai voulue,
Je t'aime toujours
D'un éternel amour,
Tu es gravée dans ma mémoire,
Je te vois me regardant dans le miroir,
Je sais que là-haut tu as la paix
Car c'est ce que tu voulais...

Ce soir
Sera une ombre noire,
Une nuit éternelle
Avec des séquelles,
Je partirai
Car tel est mon souhait…

Tu étais mon inspiration
Mais tu avais une dépression,
Tu allais mal
Et pas que ton moral,
Des marques sur ton corps,
Elles te dévorent,
Tu t'infligeais un énorme supplice,
Toutes tes cicatrices,
Tu aimais prendre ta lame
Et déchirer ton âme,
Tu faisais des métaphores
Alors que tu n'allais pas fort,
J'ai essayé de t'aider
Mais tu as refusé,
Tu es partie
En criant que c'était fini...

Tu dis qu'elle reviendra
Mais tu ne comprends pas,
Cette fille n'est plus là,
Je lui ai déchiré son corps,
Brisé son coeur,
Son âme est transpercée,
Je suis un meurtrier,
J'ai fini par la tuer
Car je me suis suicidée,
Elle n'existe plus,
Elle a disparu,
Je l'ai effacée
Par mon corps griffé,
Toutes ces cicatrices
Sont les marques de ses supplices...

Ce soir
Sera une ombre noire,
Personne ne doit savoir
Que cet échappatoire
Est ta lame de rasoir,
Je tente de voir
L'espoir,
Ça me dévore,
Toutes ces métaphores,
Dire que je vais bien
Comme de rien,
Je voulais déchirer mon âme,
J'avais cette lame,
Mais je me suis retenue,
J'ai couru,
Il fallait que je parte,
Que je m'échappe,
J'ai fini par partir
Et par mourir,
Tu as pleuré,
C'est ce que j'ai espéré...

J'ai pris cette lame,
J'ai détruit mon âme
Encore plus profondément
Qu'avant,
Je veux mourir,
Je veux partir,
Je le sens
C'est le moment,
Je ne dors plus,
Je n'y crois plus,
Tout est fini,
Ça s'arrête ici...

J'ai beau crier
Ou même hurler,
Je continue de me briser,
J'ai été cassée,
Je voulais l'oublier,
Je voulais prendre cette lame
Et que tout s'enflamme,
Je voulais arrêter
Cette vie
Que je n'ai pas choisie...

Si vous ne l'avez pas compris
J'ai mis fin à ma vie,
J'ai fini de souffrir,
Je veux juste mourir,
Personne ne pourra rien y faire
Ce sont mes affaires,
Je n'ai plus rien à dire,
Je veux juste m'enfuir,
Ne pas me retourner,
Je veux juste m'évader…

Je ne sais pas ce qui m'a pris,
Je n'ai pas compris,
Mais je t'ai suivie
Dans ta folie,
J'avais besoin de toi,
Tu faisais partie de moi,
Mais tu es partie
En emportant ta vie,
Je te l'ai déjà dit,
Je t'ai suivie...

Je suis fatiguée
De respirer,
Je ne veux plus vivre,
Ni survivre,
La mort
Est un trésor,
Le long des flots
Je porte mon fardeau,
Celui de te décevoir,
De ne plus te voir…

J'aimerai tout foutre en l'air
Ou trouver mes repaires,
Partir sans me retourner
Et arrêter de penser,
Il est trop tôt
Ou bien trop tard,
Comment le savoir ?

Perdue dans mes pensées,
Je ne sais plus lesquelles chasser,
Une lame de rasoir
Sera mon échappatoire,
Une corde en nylon
Sera ma guérison,
Et ma vie
Sera officiellement finie,
Ou du moins,
Mes souffrances seront loin...

Et si on y allait ?
Juste toi et moi.
Et si on y allait ?
Pour être des rois.

Je l'ai vue par la fenêtre,
Elle m'a fait tourner la tête,
Je détourne le regard
Loin du sien hagard,
J'ai peur de ce que je peux y voir,
Sûrement un brin d'espoir,
Mais c'est trop tard
Il fait nuit noire,
L'ombre est là
Tout près de moi,
Elle veut m'emmener,
Je veux l'accompagner,
Une dernière fois,
Je regarde derrière moi,
Et je suis la Faucheuse
Loin de ma vie malheureuse...

Un soir d'été
Alors que tous étaient couchés,
J'ai vu une lumière,
Elle m'engloutissait toute entière,
Je me suis sentie me noyer,
Je ne savais plus nager,
Elle m'a portée,
L'autre monde s'est ouvert à moi,
Elle m'a sauvée,
J'étais enfin loin de toi...

J'ai essayé
De me sauver,
J'ai essayé
De recommencer,
Mais rien a fonctionné,
Le temps était passé,
Mes espoirs sont partis en fumée
Quand la lame ne m'a pas coupée,
Ma peau n'a pas été griffée
Et mon âme déchirée,
Je n'y suis pas arrivée
Alors que j'en avais rêvé…

Je veux mourir,
Arrêter de souffrir,
J'en ai marre de suffoquer,
De ne pas réussir à respirer,
J'ai peur de demain,
Hier est déjà loin,
Je ne sais pas si je tiendrai,
Ou si je m'en irai...

Quand la vie ne tient qu'à un fil
Je préfère le couper
Plutôt que de le tirer
Jusqu'à le voir craquer...

Quelque fois je préférerais mourir,
Arrêter de souffrir,
A l'intérieur mon âme crie
Pourtant mon visage souri,
Mon cœur se brise,
J'ai besoin de sacrifices,
Je fais saigner ma peau
Pour faire partir mes maux,
La vie est faite de gouttes d'eau,
Je dois juste suivre leur tempo...

Mes bras me font mal,
Brûlée est mon âme,
La chaleur émane de mon corps,
Mais de glace est mon cœur,
La nuit nous sépare,
Pas besoin d'attendre son départ…

ENTRAVE

Je ne savais pas,
Je ne comprenais pas
A quoi je pensais,
Mais j'essayais
D'aller plus haut,
D'aller plus loin,
D'aller de l'avant,
D'aller sans penser,
Je t'ai oubliée,
Je t'ai délaissée,
Je t'ai écorchée,
Je t'ai aimée,
Je te l'ai montré
Et tu m'as détestée,
Tout s'est arrêté...

J'ai arrêté d'écrire des poèmes,
Ils sont trop réels,
Pas assez superficiels,
Je suis trop bohème,
Je suis moi,
J'ai fait des choix,
Tu en as fait parti,
Tu t'es enfui,
J'ai serré les poings,
J'ai arrêté gamin,
La terre a continué de tourner,
Mais j'ai décidé
De tout arrêter,
Alors que je t'ai aimé...

J'écris des poèmes,
Je ne sais pas faire autrement,
J'échouais lamentablement
Dès que j'essayais de t'effacer
Ou même de t'oublier,
A chaque fois,
C'était toi,
Tu apparaissais à travers mes mots,
Tu t'immisçais sous ma peau...

Les mots ont un pouvoir,
Sans le savoir,
Ils peuvent détruire
Mais aussi guérir,
Les mots peuvent te consumer,
Te dévorer,
Te rabaisser,
Te brûler
Une fois qu'ils t'ont touché,
Mais ils peuvent aussi te sauver,
Les mots sont insignifiants,
Et pourtant
Ils peuvent anéantir,
Détruire un avenir,
Si tu les choisis bien
Ils ne feront rien,
Apprends à t'en servir
Et à bien les choisir...

Toujours cette même sensation
Qui enserre ma poitrine,
Toujours cette même oppression
Qui me comprime,
J'aimerais voir plus loin,
Pouvoir penser à demain,
Mais je n'y arrive pas,
Hier est encore là...

Quand je regarde dans le miroir
Mon âme se remplit de désespoir,
Des kilos
Que j'estime être de trop,
Ma poitrine
Qui me comprime,
Et mes cicatrices
Qui me rappellent chaque jours
La haine
Que je nourris envers moi-même...

Dans ma tête
C'est la tempête,
Qu'importe mes mots
Tu es dans ma peau,
Qu'importe mes pensées
Tu y es encrée...

Il y a eu de la pluie
Et un orage,
Tu étais de passage,
Il faisait nuit,
Dans le noir
J'ai cru t'apercevoir,
Tu t'es invitée
Dans mes rêves éveillés,
Même quand je dormais
Tu me hantais...

Je fixe la fenêtre,
Tu es dans ma tête,
Le soleil brille,
Les étoiles scintillent,
Elles me font penser à toi,
Tu as été mon roi...

VIE

Je t'ai suivi
Jusqu'à la folie,
Je t'ai souri,
Tu ne m'as pas dit merci,
J'aimais te regarder,
Tu aimais draguer,
Je préférais flirter
Et toi danser,
J'ai besoin de toi,
Je ne saurais dire pourquoi,
Je préfère t'oublier
Que de te détester,
Car tu fais partie de ma vie
Et c'est pour toi que je ris…

Mes yeux perdus dans l'horizon
Je me demande si le chocolat chaud est bon,
Les cheveux relevés
Je me demande comment exister...

Je suis fatiguée,
Je ne veux pas me lever,
J'ai perdu le goût,
Je suis au fond du trou,
La vie est dure
Et je ne suis pas sûre
De vouloir continuer
A exister...

Je suis vivante,
Plus pour longtemps,
La vie est flippante,
Je n'ai plus le temps,
Je continue de survivre
Et de vivre,
Pourtant,
Je n'ai plus envie
De faire semblant
Indéfiniment...

Quand le vent se meurt,
Les feuilles pleurent,
Leur balancier s'arrête,
Elles ne chantent plus à tue-tête,
La nuit arrive,
Elles semblent ivres,
Le bonheur est là,
A bout de bras,
Mais elles ne l'atteignent pas,
Il est trop bas,
Alors elles tombent,
Il y a une bombe,
Tout s'éteint,
Il n'y a plus rien…

Quand je regarde dehors,
Les gens se meurent,
Quand je regarde à l'intérieur,
Il n'y a personne de rieur,
Partout où mes yeux se posent,
Les gens prennent la pose,
Ils sont tous pâles,
Le monde va mal...

Il y a des années
Ma vie était une bataille,
Il y a des années
Ma vie était en pagaille,
Je ne voulais plus me lever,
Plus avancer,
Alors je me suis assise
Et à écrire je me suis mise,
Lire ne me suffisait plus,
Le temps de vue je l'ai perdu,
Un roman j'ai achevé
Durant une douloureuse année...

TEMPS

J'essaye de t'oublier
De te sortir de mon esprit,
J'essaye d'avancer
Comme si j'étais suivie,
Le temps me rattrape
Alors ma vie passe à la trappe,
Tu m'as jetée dans le précipice
Rempli des larmes de mes supplices,
Et pourtant j'ai essayé
D'aller outre le passé,
Mais tu es toujours là
A côté de moi,
Peu importe mes gestes,
Tu restes,
Je dois me libérer,
Ne plus y penser...

Je vois ton visage,
Tu n'es qu'un mirage,
Penché sur la rivière,
Sautant la barrière,
Tu navigues vers moi,
Je ne vois que toi,
Tu es un fantôme,
Ton parfum m'embaume,
Ton sourire s'étire
Quand tu t'approches,
Tu laisses échapper un rire
Quand je t'accoste...

Après le temps je cours
Il m'échappe toujours,
Je suis en retard
Pourtant il n'est jamais trop tard,
Les aiguilles continuent d'avancer
Et je n'essaye pas de les stopper,
Je laisse le temps s'écouler
Dans l'espoir de réussir à le rattraper...

Quand la nuit tombe
Il n'y a plus de bombe
Aucun risque d'explosion
Puisqu'il n'y a plus d'émotion...

La nature est belle
Loin d'être formelle,
Elle change au rythme des saisons,
Le soleil laisse place aux flocons,
Elle prend vie sous nos pieds,
Ça lui permet de briller,
Les feuilles dansent
Et les branches se balancent,
Plus rien ne les arrête,
Elles chantent à tue-tête...

RENAISSANCE

Les flocons tombent,
Les nuits se confondent,
Les heures passent,
Mon cœur trépasse,
Ma vie se fige,
Plus que des vestiges,
Mon âme se meurt,
Une simple frayeur...

Les vagues me terrassent,
Mais quelques fois je refais surface,
Alors je me mets à surfer
Sur ces vagues qui voulaient me faire abandonner,
Je décide de me battre,
Je ne veux pas passer à la trappe,
Ces moments d'euphorie
Sont mes accalmies,
Je me sens libre
Peut-être même ivre,
La vie devient belle,
Mes blessures s'estompent,
De moi-même je n'ai plus honte,
Ma joie devient éternelle,
Mes moments préférés
Sont alors créés,
Des souvenirs j'en ai
Et longtemps je les garderai...

Longtemps j'ai cru ne pas avoir ma place
Dans ce monde rempli de crasse,
Je pensais que ma naissance ne valait rien
Que jamais je n'aurai de gardien,
Pourtant je suis en vie,
J'ai le droit de regarder le monde avec envie,
Mais je me coupe de mes émotions,
Ce n'est pas quelque chose de bon,
Elles sont là et je suis en vie,
Elles disparaissent et le vide m'envahit,
Alors plus rien n'a de sens
Et je plonge dans ma propre absence...

Il y a des années
L'écriture m'a sauvée,
Mon meilleur ami était là,
Il est resté près de moi,
D'autres gens aussi,
Mes amis et ma famille,
J'ai tenu le coup,
Ça n'avait rien de doux,
J'avais deux choix
Qui s'offraient à moi,
La mort était la simplicité,
La vie me semblait compliquée,
Aujourd'hui je suis là
Car je mène mon combat,
Encore maintenant
Rien est étincelant,
Mais j'avance
Je prends ma revanche,
La vie n'est pas toute blanche
Elle m'a menée à la décadence...

Les démons sont là,
Ils n'attendent que moi,
Je sens leur parfum,
Ce n'est pas la fin,
Ile me redonnent le sourire,
M'apportent le désir,
Les vices ils me les offrent,
Je les garde dans un coffre,
J'attends le bon moment
Pour montrer que je ne suis pas inconscient,
Je dois juste me réveiller
Pour réapprendre à aimer…

Souvent
J'ai voulu me cacher,
Longtemps
Je n'ai pas voulu me l'avouer,
J'allais mal,
Mon ami était le diable,
Mais il ne m'aidait pas,
Il me tirait vers le bas,
Je ne voulais pas le voir,
Encore moins les décevoir,
C'est devenu trop,
Je n'avais plus de mots
Pour toutes les contrés
Ses absurdités,
Car aujourd'hui je le sais
Vers le précipice le diable m'emmenait...

Quand je regarde vers l'avant
J'ai peur de ce qu'il m'y attend,
Demain est un nouveau jour
Rempli de beaux discours,
Il nous fait une promesse,
Celle de nous offrir l'ivresse,
Ce sentiment grand et beau
Qui nous ferait aller mieux,
Alors je décide de graver des tatouages
Sur ma peau diaphane
Pour commencer ce nouveau voyage
Dans cette vie hasarde…

Mes bras cicatrisent,
Mes jambes me portent,
Mon cœur se brise,
Mon âme me transporte,
J'aurai des marques
Pour ne pas oublier,
Je prendrai une barque
Pour pouvoir voyager...

EPILOGUE

Vivante est la folie,
Belle est la vie,
Il n'y a plus de cri,
Plus de sauvagerie,
Tout est calme
Même les âmes,
La diable sourit
Et l'ange rit...

Remerciements

J'ai vécu des choses dures pour quelqu'un qui ne connaissait encore rien de la vie et c'est à travers mes poèmes que j'ai su le mieux l'exprimer. J'ai aimé, peut-être pas les bonnes personnes puisque je me suis brisée, je me suis souvent sentie abandonnée et blessée au cours des dernières années. J'ai aussi eu des idées sombres mais avec le temps j'ai appris à les dompter, je ne suis plus entravée par les chaînes de mon passé. Désormais je vais avancer comme on me l'a si souvent demandé. Je ne le fais pas pour les autres mais pour moi. Parce que je suis libre de ma destinée, c'est à moi de choisir mon chemin et je souhaite me relever, j'en ai assez de me sentir cassée.

Alors je tiens à remercier tous mes démons, peu importe où ils sont. Merci à eux de m'avoir appris que la vie n'était pas qu'un long fleuve tranquille. La route est longue et semée d'embuches, mais je me relève plus forte qu'hier. Je n'aurais jamais eu l'idée et l'envie d'écrire s'ils ne s'étaient pas imposés dans ma vie alors merci.

Merci à chaque personne qui a croisé ma route et qui s'est arrêtée pour faire un bout de chemin avec moi. Même si certaines sont parties de ma vie je ne pourrais pas les oublier, à leur manière elles m'ont chacune apporté de la lumière.

Merci à ceux qui sont restés près de moi même quand rien n'était simple. Merci de ne pas m'avoir abandonnée mais de toujours avoir été là pour m'épauler et m'écouter.

Et merci à chaque lecteur qui prendra part à la vie de ce livre en l'achetant, en le lisant et en parlant de lui. J'espère qu'il saura vous conquérir et vous toucher.

Sommaire

PROLOGUE..11

AMOUR..15

ABANDON..41

BLESSURE...51

SUICIDE...71

ENTRAVE..95

VIE..107

TEMPS..117

RENAISSANCE..125

EPILOGUE...135

Remerciements..139

L'auteure

S. Witson s'est mise à écrire des poèmes en 2019, alors qu'elle traversait une période difficile depuis plus d'un an. Elle a décidé de vous les partager dans son recueil « Pensées en vrac ».

Au-delà du fait d'aimer extérioriser ses pensées et ses émotions à travers les mots, elle adore se passionner par tout un tas de choses. Que ce soit la visite de musée pour découvrir des œuvres ou s'intéresser à la vie de personnes célèbres, la pâtisserie, la danse ou encore les podcast sur tout ce qui se rapporte au corps humain.

Elle aime aussi se plonger au cœur des mythes mythologiques, surtout quand il s'agit des Dieux Grecs, de l'Olympe et de ses oracles !